ÉDITIONS SAINT-SÉBASTIEN

-2016-

CHAPITRE XV

IV

COLISÉE.

> Nous avons été donnés en spectacle au monde, aux anges et aux hommes.
> S. PAUL, I *Corinth.*, IV, 9.

La mémoire d'Auguste, si chère aux Romains, avait grandi de toutes les ignominies de ses descendants. Les trois empereurs éphémères qui s'étaient arrachés l'un à l'autre l'héritage de sa famille éteinte, n'avaient pas suppléé par leur mérite au prestige dynastique qui leur manquait. Vespasien voulut placer sa grandeur personnelle à l'ombre du grand nom d'Auguste. Homme nouveau, il ne lui appartenait pas par le sang; il sut se rattacher à lui en continuant ses pensées et ses œuvres. Le fondateur de l'empire romain avait eu le projet de construire un vaste amphithéâtre dans le centre de la ville.

Ce projet fut repris par Vespasien [1], qui en commença l'exécution. Après sa mort, elle fut achevée par son fils Titus, dans la seconde et dernière année de son règne, qui correspond à l'an 80 de l'ère chrétienne. Il inaugura ce nouvel amphithéâtre par des fêtes magnifiques, à la manière des Romains [2].

La place où s'élève le Colisée, occupée précédemment par les étangs de Néron, était un des plus nobles lieux de l'ancienne Rome. Elle est le point le plus central des Sept-Collines : à l'orient, une partie du Viminal et de l'Esquilin; au midi, le Cœlius; à l'occident, le Palatin et l'Aventin; au nord, le Capitole et une partie du Quirinal. Les Sept-Monts, dit un auteur, semblent faire hommage au Colisée, en formant autour de lui comme une couronne [3].

En construisant ce superbe édifice, comme un emblème de la grandeur romaine [4], Vespasien et Titus voulurent tout à la fois surpasser les deux amphithéâtres en pierre que possédait Rome, et écraser les pompes odieuses de la maison dorée de Néron. Toutefois les impressions qu'ils avaient reçues pendant leur séjour

[1] Fecit amphitheatrum urbe media, ut destinasse compererat Augustum. (Suet., in *Vespas.*, c. 9.)

[2] Cum extruxisset Romæ amphitheatrum, inchoavit in eo spectaculorum primitias, et quinque millia ferarum interfecit. (Eutropius, lib. IX, c. 10.)

[3] Nel mezzo degli sette colli, i quali a guisa di corona, pare che prestino omaggio a questa decorosa mole. (Fontana, *Amphit. Flavian.*, lib. III)

[4] Hoc Titi potentia principalis divitiarum profuso flumine cogitavit ædificium fieri, unde caput urbium patuisset.

en Orient ne furent probablement pas sans influence sur la conception de ce monument gigantesque. La Palestine, la Syrie, l'Égypte, les avaient familiarisés avec une ancienne architecture qui visait au grand, comme l'architecture grecque visait au beau. Ces deux tendances semblent s'être combinées dans l'ordonnance du Colisée. L'art grec lui a fourni, avec sa magie des proportions, ses trois ordres : le dorien, l'ionien, le corinthien, superposés l'un à l'autre, et couronnés par un attique. Mais cette masse si colossale, qu'on a pu croire que son nom de Colisée ou Colosse en dérive [1], qui s'élève plus haut que le Palatin et le Cœlius, qui semble être en dehors un mont, en dedans une vallée, cette masse audacieuse dépasse les limites dans lesquelles l'art grec et romain s'était plu à se renfermer. Pour caractériser son élévation, Ammien Marcellin a recours à une expression hyperbolique [2], qui n'aurait pas été un éloge selon les principes de l'art grec, si jaloux de flatter le regard sans le fatiguer. Martial, en célébrant le Colisée, déclare que Rome n'a plus rien à envier à l'Orient, et que son amphithéâtre efface les miraculeuses pyramides de Memphis et les travaux de Babylone [3]. Le Colisée fut un colosse oriental, costumé à la grecque.

[1] Suivant d'autres antiquaires, cette dénomination est venue de la grande statue de Néron placée devant cet amphithéâtre.

[2] Amphitheatri moles solidata lapidis Tiburtini, ad cujus summitatem ægre visio humana conscendit. (Ammian. Marcellin.)

[3] Barbara Pyramidum sileat miracula Memphis :
Assiduus jactet nec Babylona labor.....
Aere nec vacuo pendentia Mausolea

Les plus grandes œuvres de l'homme ont d'ordinaire leurs fondements dans des destructions. Le Colisée a été bâti au moyen d'une double ruine, celle d'un édifice et celle d'un peuple. La maison dorée de Néron, abattue en partie par Vespasien et par Titus, lui a fourni des pierres. La Judée, défaillante et foulée aux pieds, lui a donné ses captifs pour ouvriers, premier débris d'un peuple qui allait disséminer ses fragments par toute la terre. En fait de monument, le Colisée est le premier grand témoin de la dispersion des Juifs, comme le temple de Jérusalem, qui venait de tomber au moment où Titus ouvrit l'amphithéâtre, avait été le témoin de leur unité.

L'histoire a oublié le nom de l'homme qui a employé ces matériaux et dirigé les mille bras de ces ouvriers. Le principal monument de Rome païenne est une œuvre anonyme. Cette particularité a suggéré à un savant Romain du dernier siècle des réflexions qui ne manquent pas d'intérêt. « Quoique cet amphithéâtre soit si « magnifique par l'excellence de son architecture et son « admirable travail, et qu'il ait été regardé par Martial « comme bien supérieur à toutes les merveilles les plus « célèbres du monde, ni lui, ni aucun des autres écri« vains de ce siècle ni des siècles suivants, n'a fait men« tion de l'homme de génie qui en fut l'architecte.

Laudibus immodicis Cares in astra ferant :
Omnis Cæsareo cedat labor Amphitheatro,
Unum præ cunctis fama loquatur opus.
(Martialis, *Spect.*, I, 1.)

« Martial lui-même, qui vécut au temps de Vespasien, « de Titus et de Domitien, exalte par un éloge pompeux « le souvenir de Rabirius, architecte de Domitien, pour « la construction d'un palais sur le Palatin. Il s'exprime « ainsi : Rabirius ayant élevé cette construction rivale « des cieux, on peut bien dire de lui que son génie a pé- « nétré le ciel, et compris la noblesse et la beauté des « astres, puisqu'il a bâti une maison qui en est une si « fidèle image [1]. » Or, à combien plus juste titre n'au- « rait-il pas dû immortaliser le nom et la mémoire de « l'architecte de cette grande et admirable œuvre de « l'amphithéâtre, de cet homme qui devait sans doute « être très-renommé de son temps, et qu'il a certaine- « ment connu lui-même [2]. »

On peut citer, il est vrai, quelques beaux monuments

[1] Martial, liv. VII, *Epigr.* 56.

[2] Ella è cosa degna di riflessione, come, essendo l'opera di questo Amphitheatro così excellente per l'architettura, ed ammirabil lavoro, e giudicata da Marziale molto più prieggievole di tutte le più celebre maraviglie del mondo, nè egli, nè altri scrittori di quel secolo, nè de' sussequenti, abbiano fatta memoria del suo ingegnosissimo architetto. Marziale stesso, che visse ne' tempi di Vespasiano, di Tito e di Domiziano, celebra con elogio ben singolare quella di Rabiro, architetto di Domiziano, per la fabbrica di un Palazzo sul Palatino, dicendo, che avendola eretta emulatrice del celo conveniva dirsi, che la di lui mente avesse penetrato il cielo, è compresa la nobiltà e bellezza degl' astri, avendo fabbricata una casa ad essi somigliantissima. Or quanto più degnamente e con tutta giustizia, avrebbe dovutto immortalare il nome e la memoria dell' architetto di questa grande e ammirabile opera dell' Amphitheatro, uomo, senza dubbio, a que' giorni celebratissimo, ed anche da se conosciuto! (Marang., *Memor. dell' Amphit. Flav.*)

appartenant au siècle même d'Auguste, dont les architectes sont aussi restés inconnus. Mais les auteurs contemporains qui ont parlé de ces monuments ne les ont signalés qu'en quelques mots. Il n'en est pas de même du Colisée; Martial n'en a pas fait une mention accidentelle, il s'est constitué son panégyriste; il revient souvent sur les spectacles qui s'y donnaient; il prodigue à ce sujet les descriptions et les détails; et, tandis qu'il célèbre avec emphase l'architecte d'une maison impériale, il évite constamment de nommer l'architecte de la grande œuvre dont il s'est fait en quelque sorte le chantre. N'y a-t-il pas là une énigme historique?

Marangoni a cherché le mot de cette énigme dans une épitaphe qui avait été déjà rapportée par plusieurs archéologues. Suivant Aringhi, elle a été extraite des Catacombes sur la voie Nomentane. L'inscription originale se trouve aujourd'hui dans l'église souterraine de Sainte-Martine au Forum; elle est ainsi conçue :

SIC PREMIA SERVAS VESPASIANE DIRE
CIVITAS VBI GLORIE TVE AVTORI
PREMIATVS ES MORTE GAVDENTI LETARE
PROMISIT ISTE DAT KRISTVS OMNIA TIBI
QVI ALIVM PARAVIT THEATRV̄ IN CELO [1].

Les inductions que l'on peut tirer de cette épitaphe ne seraient pas dépourvues de valeur, si son authenticité était à l'abri de toute contestation. Voici, en effet, quelques indices qu'elle semble fournir.

[1] *Roma subterranæa*, t. I, p. 602.

D'abord ce Gaudentius a été l'architecte d'un édifice destiné aux spectacles. Il y avait, chez les Romains, les théâtres proprement dits et les théâtres doubles ou amphithéâtres[1]. Quoique le nom de théâtre figure vers la fin de l'inscription, on ne peut pas en conclure que l'édifice dont il s'agit appartienne à cette classe spéciale. Les amphithéâtres étant des lieux de combats et de mort, l'auteur de l'épitaphe ne pouvait pas choisir ce nom pour caractériser le point de comparaison qu'il plaçait dans le ciel, séjour de paix et de gloire. Il a donc dû employer le mot de théâtre, dans la seconde partie de l'inscription, quel qu'ait été d'ailleurs le genre de monument théâtral auquel la première partie se rapporte.

On voit, en second lieu, que l'édifice en question a dû être quelque chose de magnifique. Il est dit de son architecte, qu'il a été l'auteur de la gloire de la ville : *Civitas gloriæ tuæ autori*. Or, parmi les édifices destinés aux spectacles, il n'y a eu, du temps de Vespasien, que le Colisée dont la construction ait pu donner lieu à un éloge aussi pompeux.

D'après ces conjectures, le chef-d'œuvre de Rome païenne aurait eu pour architecte ce Gaudentius, lequel

[1] Theatrum, quod est hemisphærium, græce dictus amphitheatrum, quasi in unum juncta duo visoria, recte constat esse nominatum. Ovi specie ejus arenam concludens, ut concurrentibus aptum daretur spatium, et spectantes omnia facilius viderent, dum quædam prolixa rotunditas universa collegerat. (Cassiodor., *Variar.*, lib. v, ep. XLII.)

aurait été ensuite mis à mort comme chrétien, au lieu de recevoir les récompenses promises.

On objecte que Vespasien n'a pas été persécuteur des chrétiens; cette difficulté peut recevoir, ce semble, plusieurs réponses. Premièrement, cet empereur a fait rechercher et exécuter les Juifs qui se disaient fils de David[1], plusieurs d'entre eux pouvaient avoir embrassé le Christianisme. Le Martyrologe romain cite le martyre de saint Apollinaire, à Ravenne, sous Vespasien[2]. Enfin, on sait que sous les empereurs qui n'ont pas ordonné de persécutions, il y a eu des martyrs, lorsque les édits antérieurs n'avaient pas été formellement révoqués, et ces exécutions pouvaient être imputées, comme le fait cette épitaphe, aux empereurs eux-mêmes, puisqu'elles avaient lieu au nom de l'autorité publique.

Les inductions que nous venons de résumer permettraient d'expliquer l'étrange silence que les auteurs contemporains ont gardé sur l'architecte du Colisée. Les noms des Chrétiens convaincus et condamnés, les noms de ces ennemis de l'empire, de ces contempteurs des dieux, étaient infâmes. L'opinion publique défendait de célébrer, d'honorer leur mémoire. Cette terrible jurisprudence semblait infliger la peine de mort jusque dans le souvenir des hommes.

Ces raisonnements ont pu paraître plausibles aux antiquaires qui ont admis l'authenticité de l'inscription

[1] Euseb., *Hist. Eccl.*, lib. III, c. 15.

[2] Sub Vespasiano Cæsare gloriosum martyrium consummavit. (*Martyrol. roman.*, die 23 julii.)

que nous avons rapportée; mais est-elle réellement authentique? Je laisse aux juges compétents cette question d'épigraphie, et je reviens au Colisée. S'il n'a pas été bâti par un martyr, ce sont toujours les martyrs qui l'ont consacré : ils en ont fait leur monument. Les amphithéâtres, si nombreux dans l'empire romain, sont les édifices qui représentent éminemment la persécution des trois premiers siècles, et ils n'étaient tous que des Colisées amoindris. Il a été le chef-lieu des amphithéâtres, comme le Panthéon a été le chef-lieu des temples. La sombre et glorieuse histoire de cette époque vient donc directement et indirectement se réfléchir sur ses murs. C'est pour cela que nous nous arrêterons assez longtemps devant lui; mais, pour mieux tracer le tableau de ce qu'il a été, nous devons d'abord jeter un coup d'œil sur ses alentours, sur les monuments qui s'y trouvaient placés, et qui avaient quelques rapports avec lui.

Il y avait, à une petite distance de l'amphithéâtre, un édifice qui a été souvent une espèce de succursale du Colisée pour le supplice des martyrs : c'était le temple de la Terre. D'après les indices recueillis sur sa situation, on a conclu qu'il se trouvait entre la place *delle Carette* et la voie Alexandrine, à l'endroit où nous voyons une ruine du moyen âge, les restes de la tour des Conti[1]. Des fouilles y ont fait découvrir les antiques fondements d'un temple : on y a trouvé quelques sculptures symboliques, faisant allusion à la fécondité de la nature.

[1] Construite en 1208 par Innocent III.

Ce lieu si négligé aujourd'hui doit etre réhabilité : il a été témoin de glorieuses scènes. Beaucoup de chrétiens y ont été conduits avant d'entrer dans l'amphithéâtre, ou battus avec des verges, ou mis à mort. Les actes des martyrs nomment, entre autres, les papes Sixte et Corneille, et les martyrs persans Abdon et Sennen[1]. Le sénateur Julius y comparut, nu et chargé de chaînes, devant le tribunal d'un magistrat. Il expira dans le supplice de la flagellation, et son corps fut jeté devant l'amphithéâtre. Pourquoi les martyrs ont-ils été souvent amenés en cet endroit? je ne saurais le dire avec certitude. C'est probablement parce que ce temple de la Terre, qui servait de temps en temps à des assemblées du sénat, était propre à être le siége d'un tribunal, d'un prétoire, et que ce tribunal se trouvait être très-voisin du Colisée. Quoi qu'il en soit, les chrétiens, conduits là, ont dû souvent remarquer, en levant les yeux sur cet édifice, un contraste que le nom même de ce temple leur suggérait. Parmi les divinités païennes, une de celles qui étaient le plus antipathiques à ces citoyens du ciel, c'était assurément la divinité de la terre.

En se rapprochant du Colisée, on rencontrait un lieu désigné sous le nom de *Lac du Pasteur*. C'était probablement une fontaine avec un large bassin, ainsi nommée, soit parce qu'elle avait été construite par quelque famille romaine portant le surnom de Pasteur, soit parce

[1] Ils nomment aussi Marcel diacre, Cyriaque, Largus, Smaragdus, Crescentius, Sempronius, Olympe, Exupère, Théodule, Pontien, Vincent, Eusèbe, Peregrin, etc

que l'image sculptée ou peinte d'un berger lui servait d'ornement. Cette fontaine devait être située entre l'amphithéâtre et le pied du monticule où s'élève la basilique de Saint-Pierre-ès-Liens[1]. Elle faisait ainsi le pendant de l'autre fontaine, la *Meta sudans*, dont nous voyons encore les restes près de l'arc de Constantin. Ce *Lac du Pasteur* figure à diverses reprises dans les annales des martyrs.

Ils étaient amenés en cet endroit pour y comparaître devant un monument dont le nom lugubre se rattache aux usages de la justice criminelle chez les Romains[2]. Là se trouvait une pierre, sur laquelle montait le héraut chargé de proclamer les supplices qui allaient être infligés, les noms des condamnés et les crimes qu'on leur imputait[3]. De là le nom de *Pierre Criminelle*, *Petra Scelerata*. Le héraut proclamait aussi, du haut de cette pierre, les supplices réservés aux cadavres, les supplices d'outre-mort : il annonçait qu'il était défendu de recueil-

[1] Lacus Pastoris non inepte dici possit fons fuisse, ut plurimi alii, cum labro receptrice ac retentrice aquarum perpetuo. Nomen ipsi forsan a sculptura picturave pastorem exhibente adhæsit..., nisi forte id nominis ab aliqua familia accepit Romana, cui hoc cognomen fuerit... Qui cum in tertia regione fuerit, necesse est ut inter Amphitheatrum et radices montis S. Petri *in vincula* fuerit, cum ab altera parte inter Amphitheatrum et arcum Constantini alius fons fuerit, cui *Metæ sudantis* nomen. (Famiani Nardini, *Roma vetus*, lib. III, c. 9.)

[2] Ducti ad petram Sceleratam juxta Amphitheatrum ad Lacum Pastoris itidem decollati sunt. (*Act. S. Euseb. Presbyt. et soc.*)

[3] Ducti ad petram Sceleratam sub voce Præconis introducti sunt in Tellure. (*Act. SS. Pontiani, Vincentii.*)

lir ces corps pour leur donner la sépulture. Ils restaient gisants et abandonnés, pendant un ou plusieurs jours, devant l'amphithéâtre[1].

Les condamnés, particulièrement les chrétiens, étaient souvent flagellés avant d'être livrés aux spectacles du Colisée. On n'avait à faire que quelques pas pour se procurer les instruments de ce supplice préparatoire. Dans la plaine, entre les monts Cœlius et Esquilin, vers l'endroit où est située la basilique de Saint-Clément, se trouvait la tête du quartier appelé la *Suburra*, et un groupe de maisons qu'on nommait la *Tabernola*. C'est là, suivant Martial, qu'on achetait les fouets pour châtier les esclaves[2].

Dans l'espace où nous voyons le couvent des *Quatre-Couronnés*, et l'arc de Dolabella, il y avait des casernes. Celle qui était située dans l'endroit qu'occupe aujourd'hui la villa Mattei, avait un rapport particulier avec le Colisée. C'était la caserne de la cinquième cohorte des soldats pompiers, *cohors vigilum*. Les arceaux de l'amphithéâtre, construits en pierre, n'avaient nul besoin de ce voisinage. Mais les siéges en bois, placés comme

[1] In voce Præconis dictum est ut nullus corpora eorum attingere præsumat; corpora vero sanctorum per triduum ante Amphitheatrum jacuerunt. (*Ibid.*)

[2] Concludendumque Tabernolam in planitie illa inter Amphitheatrum Titi et ecclesiam S. Clementis, *Suburræ* caput incidisse, ubi Martialis flagella ad cædendos servos venalia fuisse ait. (Nardin., *Rom. vetus*, lib III, c. 0.)

Tonstrix Suburræ faucibus sedet primis,
Cruenta pendent qua flagella tortorum.
(Martial., lib. II *Epig.*, XVII. v. 1.)

nous le verrons dans la partie supérieure, l'immense tenture qui couvrait l'arène et l'assemblée, les cordes qui la retenaient, les mâts auxquels ces cordes étaient attachées, les machines que l'on faisait jouer dans les spectacles, n'étaient pas à l'abri du feu.

Il paraît aussi qu'il y avait, dans le même quartier, un autre endroit qui avait une relation encore plus directe avec l'amphithéâtre. L'ancienne topographie de Rome, par Publius Victor, signale sur le mont Cœlius un local qu'elle nomme *Jeu matinal*, *Ludus matutinus*[1]. Les Romains donnaient le nom de *jeu* aux lieux où on se livrait à divers exercices de l'esprit ou du corps. Ce nom désignait particulièrement les manéges dans lesquels les malheureux, destinés à figurer dans les combats de l'arène, s'exerçaient à leur terrible rôle. Tout près de l'amphithéâtre on trouvait le *grand jeu*, *ludus magnus*[2]. Il était probablement réservé aux acteurs du premier rang, aux gladiateurs distingués, à ceux qui devaient se battre homme contre homme. Ceux qui devaient lutter contre les bêtes avaient un rang infime. Comme ce second genre de combats avait ordinairement lieu dans la matinée, on en a conclu que ce nom de *jeu matinal* signifie l'emplacement où l'on s'y préparait[3]. D'après les

[1] Ludus matutinus, Gallicas cohortes V vigilum. (P. Vict. *Region*, II.)

[2] Amphitheatrum Flavii, Ludus magnus. (*Vetus Ruf. Topogr.*)

[3] *Ludus matutinus* apud P. Victorem in II regione, ubi putem bestiarios asservatos; in V inscrip. *procurator ludi matutini*, *medicus ludi matutini*. In eo cellas arbitror fuisse, ut et gladiatoribus apud Quintilianum in gladiatore : *commorabar inter homi-*

indications fournies par les écrivains régionnaires, c'est vers la plaine du Cœlius, et non loin de la caserne des soldats *vigiles* ou pompiers, dont nous venons de parler, que devait se trouver le triste réduit de ces pauvres gens. Le nom qu'on leur donnait, et qui était lui-même un supplice[1], était surtout infligé aux chrétiens destinés à l'amphithéâtre, pour lesquels on avait un souverain mépris. Ils n'avaient pas même, aux yeux de la société romaine, l'honneur d'être les adversaires des bêtes, ils étaient seulement leur pâture. La postérité a vu en eux des anges; les Romains d'alors les nommaient les *Bestiaires*.

L'emplacement sanctifié aujourd'hui par le vénérable monastère des Passionistes renfermait une dépendance du Colisée. C'est là que s'élevait le temple de Claude, érigé en son honneur par sa femme Agrippine, détruit par Néron, et magnifiquement rebâti par Vespasien. Il paraît que dans la partie inférieure de cet édifice, il y avait un vivier, *vivarium*, qu'on suppose avoir été construit par Domitien. On désignait sous ce nom les ménageries[2]; il y en avait sur plusieurs points, no-

cidas, inclusus turpiore custodia, et sordido cellarum situ. (Bulengerus, *de Venation. Circ.*, c. XXXIV.)

[1] Bestiarii, Θηριομάχους. (Vide Soc., l. VII, c. 22. — Bestiariis... adeo delectabatur. (Sueton., in *Claud.*, c. XXXIV.) — Unum e Bestiariis. (Senec., *de Benef.*, lib. II, c. 9.) — Nuper in Ludo Bestiariorum, unus e Germanis, cum ad spectacula matutina præpararetur, etc. (Senec., *Epist.*, LXX.) — Bestiariis supremam cœnantibus. (Tertull., *Apolog.*, c. XLII.)

[2] Vivaria animalium... primus togati generis invenit Fulvius Lu-

tamment près de la Porte Prénestine [1]. Celui qu'on croit avoir existé dans le lieu que nous venons d'indiquer doit avoir été très-considérable. Sous les grandes voûtes que nous y voyons encore, et dans le chemin souterrain qui conduisait de là au Colisée, on a trouvé des ossements d'animaux étrangers. Les restes de quelques ours de la Libye ou de quelques lions de l'Inde se sont conservés plus longtemps que les cendres des empereurs qui les avaient fait venir, quoique ceux-ci se fussent bâtis des tombeaux gigantesques pour assurer l'immortalité de leur poussière.

En continuant de tourner autour du Colisée, nous rencontrons la résidence des ordonnateurs de ces fêtes, le grand palais des Césars, sur le Palatin, et plus loin celui des empereurs qui ont habité au pied de l'Esquilin. Entre ces deux sites, le temple de Vénus et de Rome, dont on voit encore de si beaux restes, veut ici une mention. Le célèbre architecte Apollodore, consulté par Adrien sur la construction de cet édifice, lui conseilla d'y pratiquer un souterrain, afin qu'on pût y préparer les machines pour les jeux publics, et les transporter à l'improviste dans l'amphithéâtre [2]. Ce plan semble supposer que ce souterrain aurait dû communiquer par

pinus, qui in Tarquiniensi feras pascere instituit. Nec diu imitatores defuere L. Lucullus et L. Hortensius. (Plin., *Hist. natur.*, lib. VIII, c. 78, 2.)

[1] Belisarius acie instructa circa Prænestinam portam ad eam muri partem, quam Romani vivarium dicunt, etc. (Procop., *de Bello Gothico*, lib. I.)

[2] Sublime illud et concavum fieri oportere, ut ex loco superior

un chemin couvert avec les souterrains du Colisée, dans lesquels on introduisait les machines à produire des surprises. Si le conseil d'Apollodore n'a pas été suivi, il nous donne au moins quelque idée du système théâtral des Romains.

En descendant du temple de Vénus et de Rome vers le Colisée, nous apercevons, à quelques pas de l'amphithéâtre, les restes d'un énorme piédestal : c'était celui de la statue colossale de Néron. Dès les premiers temps du Colisée, sa statue n'était plus devant le vestibule de sa maison dorée. Vespasien l'avait fait transporter sur la sommité du monticule qui domine la voie Sacrée, à l'endroit marqué aujourd'hui par la double ruine du temple de Vénus et de Rome. Lorsque l'empereur Adrien voulut ériger ce temple, le colosse dut encore changer de place, il vint se poser à l'endroit marqué par le piédestal. Là il se trouvait placé entre cette fontaine, aujourd'hui tarie, connue sous le nom de *borne suante*, et le lac du *Pasteur*, qui devait être situé, comme nous l'avons dit, de l'autre côté, au bas de l'Esquilin. Pour effacer le souvenir de Néron, sa statue avait été dédiée au soleil. Les actes des martyrs nous parlent de plusieurs chrétiens traînés ou exécutés devant la statue du soleil, qui faisait face à l'amphithéâtre.

Tels étaient les alentours du Colisée. Les palais des

in Sacram usque viam insignior prospectus esset, et magis conspicuus : concava ad excipiendas ludorum machinas, quae in eo latenter compingi, et item ex occulto in theatrum duci possint. (Dio, in *Hadrian*, c. 4.)

empereurs, les casernes de leurs soldats, les maisons des gladiateurs, les viviers des animaux, les quartiers où l'on achetait les fouets pour les supplices, un temple, précédé d'un prétoire, devant lequel comparaissent les chrétiens, la *Pierre Scélérate*, d'où l'on proclamait leur arrêt de mort, et presque à la porte de l'amphithéâtre le génie de Néron, personnifié dans sa statue colossale qui restait debout, comme pour présider à cette persécution de trois siècles dont il avait donné le signal; voilà quel était l'entourage de ce grand forum des plaisirs.

Nous devons maintenant décrire ces spectacles. Commençons par nous représenter ce qui se serait passé sous nos yeux si nous nous étions placés au coin de la voie Sacrée, de bon matin, un jour où l'amphithéâtre devait avoir une de ses grandes fêtes.

Le soleil qui se lève sur les monts de Préneste, dore la face orientale du Colisée. Ses rayons, pénétrant dans l'enceinte par les ouvertures de l'attique, y découpent, sur la teinte grise et terne des murs, quelques carrés de lumière. Dans l'intérieur, tout est encore solitaire et silencieux; mais les alentours commencent à s'animer. Des esclaves conduisent, avec des cordons de pourpre, plusieurs animaux, doux par nature ou apprivoisés, qui doivent paraître dans l'arène [1]. D'autres animaux plus dangereux, venus des pays lointains, arrivent sur des chariots : ils y sont emprisonnés dans des cages ornées

[1] Paret purpuriis aper capistris.
(Mart., lib. I *Epig.*, CV, 7.)

de fleurs peintes [1]. Des gardiens, à la face noire[2], aux cheveux crépus, escortent quelques-uns de ces chariots. Voilà qu'arrivent les soldats qui doivent faire le service du Colisée, revêtus de leurs chlamydes blanches. Vers le piédestal du colosse de Néron, autour de la *Borne suante*, et des éléphants d'airain de la voie Sacrée, stationnent les curieux les plus empressés, attendant le moment d'entrer. Ce n'est plus le calme, ce n'est pas encore le tumulte : des allées et venues, des groupes qui se forment et se dispersent, sur les monts voisins l'agitation qui s'éveille; de près et au loin, des bruits à la fois indistincts et significatifs, les premiers frémissements de la grande fête, les premiers souffles de cet ouragan de fureur et de joie qui va s'engouffrer et retentir dans l'amphithéâtre.

Cependant quelques personnages, à l'air préoccupé, pénètrent dans l'intérieur : ce sont les inspecteurs et les procurateurs des jeux [3]. Ils vont examiner si tout est bien disposé, si toutes les précautions sont prises

[1] Instar circumforaneæ domus floridæ pictura, decora futuræ venationis receptacula. (Apul., *Asin.*, lib. IV.)

[2] Nigra bellua nil negat magistro.
(Mart., lib. I *Epig.*, CV, 10.)

[3] Administratores spectaculorum. (Tertull., *de Spectacul.*) (C'étaient peut-être les *editores.*)

Επίσκοποι ἀγώνων. (Dio, in *Eliogabul.*)

TRIBUN. VOLUPTATUM. (Épitaphe de Cestius.)

Procuratores dromi, qui Euripi aquam moderarentur, aream verri, ac tergi juberent, sterni pulvere, arena aut risa, ubi curules ludi appropinquarent, præciperent, etc. (Panvin., *de Lud. Circensib.*, lib. I, c. 15.)

contre les accidents qui pourraient menacer les spectateurs. Les procurateurs sont spécialement chargés du soin de l'arène, plus exposée aux détériorations que les murs et les siéges de travertin. En adoptant, dans les derniers temps de la république, l'usage des théâtres en pierre, les Romains n'ont pourtant pas voulu paver la place destinée aux jeux. Elle est restée une *arène*, un champ couvert de sable fin. Le pied des combattants y est plus ferme, et d'ailleurs le sable boit le sang à mesure qu'il tombe : le pavé le ferait trop paraître. Il suffit d'enlever la couche qui forme la superficie et de la remplacer par une couche neuve, pour que l'arène redevienne brillante et pure. Caligula et Néron ont trouvé cela trop simple : ils ont quelquefois fait répandre sur le sable naturel un autre sable composé de chrysocale, de vermillon, et de limaille de pierres précieuses [1]. Le vermillon est là pour dissimuler un autre rouge et le poétiser. Mais il y a un autre luxe plus commun : on réduit en poudre une pierre blanche très-friable [2]. L'arène semble alors couverte d'un frais tapis de neige.

[1] Visumque est Neronis principis spectaculis arenam Circi chrysocolla sterni, cum ipse concolori panno aurigaturus esset. (Plin., *Hist. natur.*, lib. XXXIII, c. 27, 1.) — Edidit et circenses... quosdam præcipuos, minio et chrysocolla constrato Circo. (Sueton., de *Caio Caligul.*, c. XVIII.)

Altera tresque super rasa celebrantur arena.
(Ovid., *Fast.*, III, 813.)

[2] Invenere et alium usum (ejus lapidis specularis) in ramentis quoque, Circum maximum ludis Circensibus sternendi, ut sit in commendatione candor. (Plin., lib. XXXVI, c. 45, 3.)

D'autres préparatifs se font au sommet de l'édifice, dans toute la circonférence de l'attique. Là, des poutres perpendiculaires, séparées les unes des autres par un intervalle de quelques pieds, traversent des trous pratiqués dans la corniche et appuyant leur extrémité inférieure sur des tables de travertin. A leur extrémité supérieure sont attachées des poulies, par lesquelles passent des cordes. Dans l'étage au-dessous de cette rangée de poutres, qui se dressent comme des mâts de vaisseau, nous apercevons des soldats de marine, pris dans la classe de ceux qui font manœuvrer les voiles des vaisseaux[1]. On dirait que le Colisée est un merveilleux navire, dans lequel la fortune de Rome va voguer vers des plaisirs fabuleux. A un signal donné, lorsqu'on craint la pluie ou un soleil trop ardent, un grand mouvement se fait parmi ces soldats et les groupes de mécaniciens auxquels ils sont mêlés. Chacun court à son poste ; les bras se tendent, les antennes gémissent, et de tous les points de la circonférence partent des voiles, qui se déroulent soutenues par des cordes, et couvrent chacune la partie de l'enceinte à laquelle elle correspond par sa forme et par sa dimension. Elles vont, en s'inclinant, se réunir par leurs extrémités à une certaine hauteur au-dessus du centre de l'arène, et forment un seul et vaste toit qui couvre tout le Colisée. Les tentures des théâtres étaient devenues une parure. Néron s'y était fait représenter sur le char du soleil qu'il gui-

[1] A militibus classiariis, qui vela ducebant in Amphitheatro. (Lamprid., in *Commod.*)

dait à travers un ciel parsemé d'étoiles d'or[1]. Sous Titus, un tissu de soie et d'or avec des broderies s'étend sur le nouvel amphithéâtre. Ces voiles sont parfois de plusieurs couleurs ; mais la couleur ordinaire est la pourpre. Les rayons du soleil, traversant cette tenture, répandent des reflets magiques sur les gradins en pierre grisâtre, sur les noirs arceaux des vomitoires, sur la blanche arène. Celle-ci prend alors une teinte rose, en attendant qu'elle soit tachée d'une autre couleur.

Pendant qu'on prépare, dans la haute région du Colisée, le déploiement de cette tenture, des préparatifs invisibles se font dans les souterrains creusés sous l'arène. Ils contiennent des fossés qui communiquent avec elle au moyen de petites portes[2], fermées par des grilles de fer ou par quelque autre genre de clôture. C'est là que sont renfermées les bêtes féroces : les plus dangereuses y sont amenées par le chemin creux qui conduit du vivier aux souterrains. Ce sont les coulisses de ces formidables acteurs. C'est de là qu'ils bondiront dans l'arène, lorsque, à un signal donné, les petites portes s'ouvriront. Les souterrains ont encore une autre destination. Dans certains jours de grande fête, les fosses

[1] In iisque Nero acu pictus currum agitans, circum vero undique aureæ stellæ. (Xiphilin., *Hist.*, l. LXIII, c. 6.)

[2] Producebantur postea in arenam sive per ostiola, quæ erant in Amphitheatro, et in circi oppido, ubi carceres, sive aliqua machina dehiscente ac se dissolvente, ut habet Xiphil., in *Severo*; de caveis, quæ in Amphitheatro erant subterraneæ, e quibus per ostiola feræ exibant, facit Herodianus, lib. II, et vocat ὑπόγαια, quasi subterranea loca. (Panvin., *de Lud. Circ.*, lib. II, c. 8.)

serviront d'aqueducs, l'arène deviendra une mer où s'exécuteront des joutes navales[1]. Quelquefois un vaisseau aura été construit dans l'amphithéâtre, et tout à coup ses flancs, subitement entr'ouverts, laisseront échapper des animaux de toute espèce[2], qui fendront les flots de cette mer improvisée. On serait tenté d'y voir une image du déluge et de l'arche, dont la mythologie grecque et romaine a conservé le souvenir. Étrange réminiscence en un pareil lieu ! D'autres fois, le sol de l'arène semblera se briser ; de chacune de ces crevasses sortiront des arbres aux pommes d'or, comme ceux du jardin des Hespérides[3]. Des animaux seront lancés dans

[1] Vidit in æquoreo ferventes pulvere currus,
Et domini Triton ipse putavit equos.
Dumque parat sævis ratibus fera prœlia Nereus,
Abnuit in liquidis ire pedester aquis.
Quidquid et in Circo spectatur, et Amphitheatro,
Dives Cæsareo prestitit unda tibi.
(Martial., *Spect.*, XXVIII, 5.)

In amphitheatro dedit navale prœlium. (Sueton., in *Domitian.*, c. IV.)

[2] Cum area omnis quæ in speciem navis in theatro erat, ut quadringentas feras et accipere et dimittere posset, subito soluta esset, exsiluerunt ursi. (Xiphilin., in *Severo*, l. LXXVI, c. 1.)

Non solum nobis silvestria cernere monstra
Contigit; æquoreos ego cum certantibus ursis
Spectavi vitulos, et equorum nomine dignum
Sed deforme pecus.
(Calpurnius, *Eglog.* VII, v. 64.)

[3] . . . Quoties nos descendentis arenæ
Vidimus in partes, ruptaque voragine terræ,
Emersisse feras; et eisdem sæpe latebris
Aurea cum croceo creverunt arbuta libro.
(Calpurnius, *Eglog.* VII, 69.)

cette forêt enchantée. Les arbres marcheront à l'imitation de ceux qu'Orphée entraînait à sa suite, et, pour que rien ne manque à la vérité de la représentation, l'Orphée du spectacle sera déchiré par les ours[1]. Toute cette magie théâtrale dépend des machines cachées dans les souterrains. Les inspecteurs les examinent avec grand soin, pour s'assurer que leur jeu sera prompt et sûr. Une manœuvre maladroite, qui tromperait la volonté de l'empereur et l'attente du peuple, serait une trahison.

Tandis que les derniers préparatifs s'achèvent, une rumeur toujours croissante circule dans les alentours du Colisée. Elle se rapproche de lui dans toutes les directions. Le cercle bruyant se restreint, et finit par cerner d'un frémissement impétueux l'enceinte encore muette et presque vide. De toutes les collines environnantes descendent les populations, comme des affluents de la vallée construite pour les plaisirs de Rome. Ces flots qui se poussent les uns les autres battent le pied de l'édifice. Ils pénètrent par les arceaux inférieurs, s'élèvent dans les escaliers comme une marée montante, roulent par les galeries creusées dans les flancs de ce

[1] Quidquid in Orpheo Rhodope spectasse theatro
Dicitur, exhibuit, Cæsar, arena tibi.
Repserunt scopuli, mirandaque silva cucurrit,
Quale fuisse nemus creditur Hesperidum.
Adfuit immixtum pecudum genus omne ferarum
Et supra vatem multa pependit avis.
Ipse sed ingrato jacuit laceratus ab urso.
(Martial., *Spect.*, XXI, 1.)

rocher artificiel, font irruption par les issues intérieures, et bientôt sur les pentes de ce vallon de granit, les bouches des vomitoires[1], pareils à des antres où les eaux se sont amassées, versent des torrents de spectateurs sur tous les degrés de l'amphithéâtre.

L'enceinte destinée aux spectateurs comprend deux régions : celle des gradins en pierre et celle des portiques supérieurs.

La première est divisée en trois zones : l'une, appelée l'Orchestre, est réservée pour les grands personnages, les principaux magistrats, les sénateurs ; dans la seconde, nommée *Equestria*, se place l'ordre équestre ; la troisième, *Popularia*, reçoit le peuple romain proprement dit, non pas les prolétaires, mais les citoyens qui n'appartiennent ni à la classe des sénateurs, ni à celle des chevaliers. La hiérarchie sociale de Rome est représentée sur les gradins du Colisée, et la cité reine s'y contemple elle-même[2].

De ces trois zones, celle du sénat est la plus voisine de l'arène. Sa partie la plus privilégiée est la plate forme du mur qui forme l'enceinte, c'est le *podium* royal.

[1] Vomitoria in spectaculis dicimus unde homines glomeratim ingredientes in sedilia se fundunt. (Macrob., in *Saturn.*, lib. VI, c. 4.)

[2] Sedent et in spectaculis publicis sacerdotum omnium, magistratuumque collegia, pontifices maximi, et maximi curiones ; sedent XV viri laureati, et diales cum apicibus flamines ; sedent augures interpretes divinæ mentis et voluntatis, necnon et castæ virgines, perpetui nutrices et conservatrices ignis ; sedet cunctus populus et senatus, consulatibus functi patres, diis proximi atque augustissimi reges. (Arnob., *Adv. gent.*, l. IV, c. 35.)

Vous y voyez d'abord le siége de l'empereur, plus élevé que les autres siéges, et surmonté d'un baldaquin. Tout auprès, probablement à gauche, le tribunal du préteur, et à côté de celui-ci, le banc des vestales, présidées par la vestale Maxime[1]. Là aussi le banc des frères Arvales[2], collége de prêtres fondé par Romulus. Sur cette plateforme les premiers fonctionnaires de l'État, les personnages consulaires s'asseyent sur leurs chaises curules, ornées de sculptures d'ivoire et de filets d'or. D'autres chaises curules restent vides, ce sont celles des personnages absents pour le service de l'empire. Sous le podium, dans tout le tour de l'enceinte, vous remarquez l'*Euripe*, c'est un ruisseau destiné à écarter les bêtes féroces qui craignent l'eau[3].

Au-dessus de l'orchestre, s'élèvent les gradins de l'ordre équestre. D'après l'ancienne loi Oppia, ces degrés devaient être au nombre de quatorze ; mais, sous les empereurs, le nombre des chevaliers a été considérablement augmenté, et de temps en temps ils envahissent la plus grande partie des degrés de l'amphithéâtre. Les bancs équestres ont aussi des places pour un certain nombre de fonctionnaires publics, et pour les tribuns militaires : vous distinguerez ceux-ci à la blancheur éclatante de leurs manteaux.

Plus haut, sont les degrés destinés au peuple propre-

[1] Virgines vestales sex cum virgine Vestali maxima. (Panvinii, *de Ludis Circens.*, lib. II, c. 2.)

[2] FRATRIBVS ARVALIBVS. (*Inscript. de locis amphit.* Vide de la Torre, *Vet. mon. vet. Antii.*)

[3] Euripus, Plin. — Lamprid., in *Eliogab.*

ment dit. Là, il y a aussi des distinctions : les militaires sont séparés des citadins, les hommes mariés de ceux qui ne le sont pas. Un compartiment particulier est assigné aux jeunes gens qui portent la robe prétexte; leurs pédagogues s'asseyent près d'eux dans un autre compartiment. Sur ces degrés populaires, les costumes sont moins brillants; mais l'ensemble ne manque pas d'un certain éclat : le peuple est en habits de fête.

Regardez maintenant les portiques supérieurs la partie la plus élevée de la troisième série de gradins en pierre est couronnée par un mur qui fait tout le tour de l'enceinte : c'est le podium populaire. De même que le podium royal est réservé à tout ce qu'il y a de plus distingué dans la classe aristocratique, le podium populaire reçoit les derniers rangs de la plèbe romaine. Des loges où quelques spectateurs peuvent trouver place sont pratiquées dans l'intérieur de ce mur. Sur la plate-forme il y a des bancs en bois [1]; de distance en distance, des grands siéges désignés par le nom de chaires sont réservés pour les femmes. Elles ont été reléguées jusque-là par un décret d'Auguste, qui a voulu qu'elles ne regardassent les jeux des athlètes que de loin [2]. Elles sont tenues à distance par une certaine pudeur, comme les pauvres gens par leur condition. Ceux-ci prennent place

[1] MENIANO. SVMMO. IN LIGNEIS. (*Inscript. de loc. amphit.....* Vide de la Torre, *Vet. monum. vet. Antii.*)

[2] Athletarum spectaculo muliebrem sexum omnem, *adeo summovit, ut,* etc. Edixitque mulieres ante horam quintam venire in theatrum non placere. (Suetonius, in *Augusto,* c. XLIV.)

dans les intervalles de ces chaires. Les habits de l'indigent, la pénule et la lacerne, sont de couleurs brunes. Ces costumes, qui occupent la plus grande partie de cet étage, sont un peu relevés par les reflets qu'y répand la tenture de pourpre qui couvre l'amphithéâtre. Sur le parapet de ce podium se tiennent les musiciens, dont les clairons doivent animer les combattants et célébrer les vainqueurs.

Un dernier étage est occupé par les mécaniciens, les soldats de marine, les gens employés au service du Colisée. Une partie de la plèbe peut aussi s'y réfugier, pourvu qu'elle ne soit pas assez nombreuse pour gêner les manœuvres.

Récapitulons maintenant les gradations de l'assemblée réunie dans cet immense édifice : le portique le plus élevé, rempli par les individus que nous venons d'indiquer; au-dessous, le podium populaire, avec les chaires pour les femmes; plus bas, commencent les siéges en pierre, et nous y voyons d'abord la série assignée au peuple romain proprement dit, puis celle de l'ordre équestre, puis enfin l'orchestre pour les sénateurs; et sur le devant de l'orchestre, au bord de l'arène, le podium royal, où s'étalent toutes les grandeurs de Rome. Une centaine de mille hommes sont rassemblés dans cette enceinte.

Quelques incidents occupent un moment l'attention des spectateurs. Vous voyez dans ce coin un peu de tumulte; on y *suscite* un homme, on le force à quitter sa place, parce qu'il s'est introduit dans un compartiment où il n'a pas le droit de siéger. S'il trouve qu'on lui a fait une injustice, il sera *maître d'intenter un procès*. La curiosité du peuple romain est égayée par des apparitions singulières. Quels sont ces costumes étrangers dans l'orchestre, près des sénateurs? Les envoyés des Arméniens et des Parthes, enfants de l'Asie, y rencontrent ceux des Germains au teint blanc, aux cheveux rouges. Remarquez aussi sur d'autres gradins, le Sabéen, l'Arabe, l'habitant de la haute Égypte, qui boit les eaux du Nil aux cataractes. Le Sarmate, qui se fait une boisson du sang de ses chevaux; le Cilicien, qui porte les traces de son climat nébuleux; l'Éthiopien, aux cheveux naturellement frisés; le Sicambre, à la chevelure arrangée en cornes, surgissent dans l'amphithéâtre comme des statues bizarres qui viennent pôser sous les regards du peuple[1]. Les grands personnages de Rome sônt aussi passés en revue à mesure qu'ils arrivent : aux uns les

[1] Quæ tam seposita est, quæ gens tam barbara, Cæsar,
Ex qua spectator non sit in Urbe tua?
Venit ab Orpheo cultor Rhodopeius Hæmo,
Venit et epoto Sarmata pastus equo;
Et qui prima bibit deprensi flumina Nili,
Et quem supremæ Tethyos unda ferit.
Festinavit Arabs, festinavere Sabæi;
Et Cilices nimbis hic maduere suis.
Crinibus in nodum tortis venere Sicambri,
Atque aliter tortis crinibus Æthiopes.
Vox diversa sonat : populorum est vox tamen una,
Quum verus *patriæ* diceres esse *pater*.
(Martial., *Spect.*, III, 1.)

Æthiopes natura torsis crinibus, Sicambri, arte capillos in cirrum et cornua fastigiabant.

applaudissements, aux autres les huées. L'amphithéâtre est l'héritier des licences du Forum; la souveraineté du peuple s'est réfugiée dans ce dernier asile, où elle a du moins la liberté des cris et des insultes. Du sein de cette assemblée, frémissante et retenue par des cercles de pierre, s'agitant en repos, à la fois immobile et ondoyante, s'élève un bruit semblable à celui de la mer[1].

Cependant tout est prêt; les musiciens sont à leur place dans le portique supérieur : les vestales, arrivées en litière, occupent leurs siéges. Des rugissements étouffés, qui s'échappent par les petites portes des loges souterraines, annoncent que les animaux sont aussi à leur poste. Tout à coup les regards se tournent vers le couloir qui aboutit à l'entrée sans numéro, sur le mont Esquilin : c'est l'entrée impériale. L'empereur paraît, se dirigeant vers le siége qui lui est réservé. Toute l'assemblée se lève[2]; les licteurs abaissent leurs faisceaux, les sénateurs, les vestales s'inclinent, tous les étages s'agitent et font tomber une pluie d'acclamations! « Bonheur à toi, tu es le maître, tu es le premier, bon- « heur à toi! Plus heureux que tous, à toi la victoire, tu « vaincras éternellement[3]. » Les cent échos que l'archi-

[1] Fluctuat æquoreo fremitu, rabieque faventum
Carceribus nondum reseratis mobile vulgus.
(Silius Ital. *Bellum puni.* XVI, 323.)

[2] Assurrectum ab universis in theatro et a stantibus plausum. (Sueton., in *August.*)

[3] Tum nos magna voce dicebamus multa, illud autem crebro : Dominus es, primus es, omnium felicissimus vincis, ab ævo vinces... Multi ex reliqua plebe ne introibant quidem in theatrum. (Dio,

tecte a rendus éminemment sonores répètent ces cris qui roulent sous les arceaux des ambulacres. Les bouches extérieures des vomitoires deviennent comme autant de porte-voix gigantesques, qui rendent un immense murmure. Dans les souterrains, les bêtes féroces, surprises, sont intimidées par un bruit inconnu, plus fort que leurs rugissements, plus impétueux que l'ouragan du désert. Les *tonnerres des lions*[1] se taisent, et les courtisans disent que les animaux eux-mêmes sentent à leur manière l'impression de la majesté divine de l'empereur, qu'ils s'associent aux acclamations par leur silence.

Si l'empereur ne vient pas, l'assemblée est présidée par un commissaire qu'il a choisi[2], ou par le préteur. Celui-ci est le premier magistrat de la justice et des plaisirs[3]. Lorsqu'il paraît dans les spectacles pour y présider, il porte un sceptre d'ivoire, surmonté d'une aigle[4] : un esclave tient au-dessus de sa tête une couronne d'or[5].

lib. LXXII. — Sueton., in *Tiber. Claud.*, c. VII; in *Domitian.*, c. XIII. — Plutarch., in *Galba.*)

[1] Tonitrua leonum. (Vopisc., in *Probum*, cap. XIX.)

[2] Neque spectaculis semper ipse præsedit, sed interdum aut magistratibus, aut amicis præsidendi munus injunxit. (Sueton., in *Caligul.*, c. XVIII.)

[3] Ibi erant præfecti certaminis, omnes qui primi apud ipsum erant, præsertim præfecti prætorio. (Dio, in *Elog.*)

[4] Editores ludorum (Circi). — Romæ editores picta et palmata tunica curru triumphantis more per circum vehebantur, eburneum sceptrum, cui insideret aquila, manu gerebant. (Onuph. Panv., *de Lud. Circensib.*, lib. II.)

[5] Juvenal., *Sat.* X, 39.

Vous croyez peut-être, en vous rappelant les souvenirs sanglants du Colisée, que vous n'allez voir que des scènes de fureur et de mort. Les Romains entendent autrement l'ordonnance de leurs fêtes; ils veulent que leurs longs spectacles, qui durent des journées entières, soient un mélange de grotesque et de tragique, de jovial et d'horrible. Voilà un éléphant funambule; il monte à la sommité de l'édifice, et il en redescend en marchant sur une corde[1]. Cet ours, paré comme une matrone, se promène assis sur une chaise à porteurs[2]; un autre, en habit d'avocat, imite l'attitude d'un homme qui va plaider[3]. Je vois un lion aux ongles dorés[4], un collier au cou, secouant sa crinière étincelante de pierreries[5]; c'est un roi dressé à la clémence, il fait cent gentillesses avec un lièvre qu'on lui met dans la bouche[6]. Regardez vers cette porte de l'amphi-

[1] Elephas erectus ad summum theatri fornicem, unde decurrit in fune sessorem gerens. (Dio, in *Neron.*) — Galba elephantos funambulos dedit. (Sueton., in *Galb.*, c. VI.)

[2] Vidi ursum mansuetam quæ cultu matronali sella vehebatur. (Apul., *Asin.*, lib. XII.)

[3] Ursos in circum agentes. (Vopisc., in *Vit. Carin.*) — Togatas nempe : agere est causas dicere, *actor* causidicus. (Panv., in *Notis*, lib. II, *de Lud. circens.*, c. 3.)

[4] Extremos auro mansueverat ungues.
(Stat., *Theb.*, lib. VI, 717.)

[5] Senec., *Epist.* XLI.

[6] . . . . Leonum
Quos velox leporum timor fatigat.
Dimittunt, repetunt, amantque captos,
Et securior est in ore præda;
Laxos cui dare, perviosque rictus

théâtre; douze éléphants s'avancent, six mâles en habits d'homme avec la toge, et six femelles habillées en femme : ils défilent, puis s'arrêtent devant des tables d'ivoire couvertes de mets; ils s'asseyent à demi couchés sur des lits, dînent avec décence, boivent dans des coupes d'or, et aspergent en badinant ceux des spectateurs qui sont près d'eux[1]. D'autres éléphants arrivent en habit de bal, répandent des fleurs sur l'arène, et se mettent à danser la pyrrhique.

On ne dresse pas avec moins de soin les animaux au carnage : on leur présente des mannequins pour exciter leur fureur. Leur naturel a été étudié pour savoir quelles couleurs sont plus propres à les animer. Le blanc irrite les sangliers; les habits rouges enflamment les taureaux[2]. Le bruit des fouets retentit : les aiguillons de feu les tourmentent; on leur applique des lames de fer brûlant[3], et de temps en temps un lion parcourt l'arène, une flamme sur le dos[4]. On enivre les éléphants avec une boisson irritante[5]; chacun

Gaudent, et timidos tenere dentes,
Mollem frangere dum pudet rapinam.
(Martial., lib. I *Epigram.*, cv, 14.)

[1] Buling, *de Venation. circ.*, c. xx.

[2] Albus color apros incendebat. (Senec., *de Ira*, lib. III, c. 30.)

Quum sua terribili petit irritamina cornu
Pœniceas vestes. (Ovid., *Metam.*, XII, 103.)

[3] Ferro et igne inustæ sunt feræ agrestes, ut ferocius in christianos sævirent. (Euseb., *Hist. Eccl.*, lib. VIII.)

[4] Qui flammas dorso ferunt, quam sint omnibus intolerabiles. (S. Chrysost., hom. XXI, *ad Rom.*)

[5] Elephanti pugnaturo vinum propinatur, non e vitibus, sed ex oryza et calamo. (Ælian., *de Natura Animal.*, lib. XIII, c. 7.)

d'eux s'enivre aussi de la fureur de tous. Les voix entremêlées des lions, des éléphants asiatiques, des taureaux italiens, des ours blancs de la Libye, des verts léopards, associées aux longs murmures, aux cris, aux trépignements des spectateurs, sont la musique sauvage qui les anime, comme les chants de guerre conduisent les soldats au combat. Leur rage va quelquefois si loin, qu'on a pu dire, pour la caractériser, qu'ils brisent par leurs frémissements leurs poitrines gonflées, trop faibles pour contenir les flots de colère qui bouillonnent dans leurs flancs. Les uns demeurent d'abord immobiles, le cou tendu, la crinière hérissée, le dos courbé comme un arc; ceux-ci aiguisent leurs dents sur des cailloux, ceux-là creusent l'arène avec leurs pattes, et s'enveloppent d'un nuage de poussière. Ils s'exercent, en se battant entre eux, à mieux déchirer les hommes : leur appétit va du grossier au délicat, comme le goût des convives dans un festin. Lorsqu'une lionne ou une tigresse s'est signalée par un carnage distingué, par un abatis d'animaux et d'hommes, le peuple se prend pour elle d'admiration et de tendresse. Il ira jusqu'à sacrifier les plaisirs futurs qu'il peut attendre d'elle à sa reconnaissance pour le plaisir qu'elle vient de lui donner. Il demandera qu'on la reconduise, qu'on rende la liberté du désert à cette héroïne de l'amphithéâtre, en récompense de ses prouesses. En attendant, il lui décerne un triomphe : des applaudissements frénétiques tombent sur elle de tous les bancs du Colisée, au moment où, restée maîtresse du champ de bataille, elle se promène à pas lents sur les corps de ses victimes, et semble prendre possession pour elle seule de l'enceinte qu'elle a dépeuplée.

Pendant que cette arène est toute fumante de poussière et de sang, une rosée odorante s'est répandue dans l'atmosphère. Il y a dans tous les étages, de distance en distance, des espèces de petits fournaux cachés, dans lesquels on fait bouillir, avec du vin, une composition de safran et d'aromates. A ces fourneaux correspondent des conduits étroits et secrets, pour donner passage à la vapeur : elle s'exhale par des tubes ou par les bouches des statues creuses. Le vaste corps de l'amphithéâtre est percé par des pores qui lui donnent une transpiration de parfums : le grand buveur de sang a une haleine embaumée [1].

Voici maintenant les combats d'hommes contre les bêtes. Il y a d'abord les gladiateurs, qui se servent de leurs armes contre les animaux; puis de simples chasseurs qui n'ont d'autres armes que leur adresse. Les uns sont habiles à envelopper d'un linge la tête du lion, ou bien ils lui ferment la bouche avec leur main, ou bien ils jettent en fuyant un morceau de drap qu'il déchire. D'autres trompent la niaise fureur des ours, au moyen d'une machine mobile : elle est disposée de telle sorte, que lorsque l'animal s'élance pour atteindre avec ses

[1] Odorato imbre. (Apuleius, *Asinus aur.*, lib. x.) — In honorem Trajani balsama et crocum per gradus theatri fluere jussit. (Spartian., in *Hadrian.*) — Numquid dubitas quin sparsio illa, quæ ex fundamentis mediæ arenæ crescens, in summam altitudinem amphitheatri pervenit, cum intensione aquæ fiat? (Senec., *Quæst. natur.*, lib. II, c. 9.)

pattes de devant l'homme perché sur cette machine, la rotation qu'il imprime à celle-ci lui dérobe son adversaire. L'agilité des chasseurs est si merveilleuse, les sauts en l'air si légers, leurs évolutions si soudaines, qu'on dirait qu'ils volent, comme des oiseaux, à travers les dents et les ongles des terribles quadrupèdes. Enfin, il y a de pauvres transfuges, des esclaves, des condamnés, qui ne viennent ni combattre ni jouer : ils sont tout simplement exposés aux bêtes. Lorsqu'ils ne sont pas attachés à des poteaux, et que la peur ne les rend pas immobiles, tout ce qu'ils peuvent faire, c'est de courir à travers l'arène d'un pas tremblant, pour retarder un peu le moment fatal par une fuite sans espoir.

Tels ont été, dans les premiers temps, les trois variétés du spectacle; mais il en est survenu une autre. Une race nouvelle, étrange, est apparue, qui semble destinée à fournir de nouveaux plaisirs : ceux-ci *n'ont ni* arme pour combattre, ni adresse pour esquiver, ni peur de mourir. Après les manœuvres intrépides des gladiateurs armés, après les tours de force des chasseurs agiles, après les mines piteuses des exposés, c'est une nouveauté piquante que de voir figurer des hommes, le front serein, les yeux élevés vers le ciel où ils semblent entrevoir un spectacle invisible, adressant quelques discours au peuple comme s'ils étaient en plein forum, et répondant par des prières et des cantiques aux rugissements des lions prêts à s'élancer sur eux. Ces hommes appartiennent à une secte détestable, qu'a vomie l'impure Judée; ce sont des contempteurs des dieux et des lois, les ennemis du Jupiter céleste et du Jupiter impérial, dont l'olympe est le mont Palatin. Le bruit s'est répandu sur tous les bancs de l'amphithéâtre qu'un de leurs chefs a été amené du fond de la Syrie, par ordre de l'empereur, pour subir le supplice qu'il a mérité. Le cri : « Les Chrétiens aux lions ! » retentit; les regards se tournent vers la porte. On y voit paraître un homme à cheveux blancs, revêtu de l'habit du pauvre, de la pénule apostolique. Il est conduit au pied du préteur, à gauche de la loge impériale. Le président de l'assemblée lui dit[1] :

« J'admire que tu sois encore vivant, après les tourments et la faim que tu as déjà supportés; maintenant, du moins, consens à ce que je désire, afin que tu sois délivré par nous du supplice qui te menace, et que tu nous délivres nous-mêmes de toute cette tristesse. »

Ignace répond :

« Tu me parais avoir une figure humaine, mais tu as l'astuce d'un renard qui caresse avec sa queue, tout en ayant des intentions perverses : avec tes douces paroles, tu veux me corrompre et me détruire. Sache donc, quelque irritation que tu puisses en ressentir, que cette vie mortelle n'est rien pour moi, à cause de Jésus, que mon âme désire : j'irai à lui, car il est le pain de l'im-

[1] Quoique les *Actes* de saint Ignace, auxquels nous empruntons le dialogue suivant, soient distincts des *Actes* authentiques du même martyr que nous citerons plus bas, ils ne sont pas dépourvus de toute valeur historique. Du reste, nous n'y avons recours que pour retracer une de ces scènes qui ont dû souvent se reproduire dans l'enceinte du Colisée.

mortalité et le breuvage de la vie éternelle. Je suis tout entier à lui, et j'étends vers lui mon âme : je méprise tes tourments, et je foule aux pieds ta gloire. »

Le président dit : « Puisqu'il est si orgueilleux et si méprisant, liez-le, et détachez deux lions qui dévoreront jusqu'aux derniers morceaux de son corps. »

Les deux lions, sortis de leur fosse, sont un moment retenus par une barrière. Avant qu'ils soient libres de s'élancer sur lui, Ignace s'adresse au peuple : « Romains, qui attendez ce spectacle, ne croyez pas que « ce qui m'arrive soit la punition d'un maléfice, de « quelque action mauvaise; cela arrive afin que j'attei- « gne Dieu, que je désire d'un désir insatiable. Je suis « le froment de Dieu, je serai broyé par les dents des « bêtes, pour devenir un pain blanc et pur. »

Les lions exaucèrent ses vœux. Il avait souhaité de n'être pas à charge à ses frères dans la peine qu'ils prendraient pour recueillir les débris de son corps : il ne resta que les os les plus durs [1].

Pendant les jours précédents, on avait célébré des jeux solennels, que les actes du martyre de saint Ignace désignent sous le nom de *Glorifications* [2]. Le dernier jour des spectacles était venu, et c'est pour cela que

[1] Ut illius sancti martyris Ignatii desiderium impleretur, secundum quod scriptum est : *desiderium justi acceptabile,* ut nempe nulli fratrum gravis fieret ob suarum reliquiarum collectionem, quomodo propriam consummationem fieri prius in epistola optaverat, solæ enim duriores partes relictæ sunt. (*Act. sincer.*)

[2] Debentibus quiescere glorificationibus : erat enim solemnis, ut

l'évêque d'Antioche, à peine arrivé à Rome, avait été livré sans retard à l'amphithéâtre.

Son supplice a eu lieu vraisemblablement vers la dernière heure de la matinée : c'était avant midi que se livraient les combats contre les animaux; on leur donnait pour cela le nom de jeux du matin[1]. Il était assez naturel de clore cette première moitié de la journée théâtrale par quelque supplice à effet. La théorie des spectacles, comme celle de l'éloquence, avait ses rhéteurs, qui recommandaient que l'intérêt allât toujours en croissant. Un Évêque chrétien, livré aux lions, offrait une scène moins vulgaire que la mort des autres bestiaires. Il est donc très-probable qu'Ignace a été réservé pour la fin des jeux du matin, et qu'il a consommé son sacrifice vers midi. D'autres jeux devaient recommencer, dans la seconde moitié du jour. Rentrons dans le Colisée pour y assister.

Nous voyons d'abord la procession des gladiateurs, qui va faire le tour de l'arène : ils portent la tunique militaire; la plupart ont le casque en tête, leurs armes sont brillantes et ornées.

Remarquez d'abord ceux qui tiennent dans la main une épée, dans l'autre un lacet; ils sont habitués à le

putabant, dicta Romana voce tertia decima*, secundum quam studiose convenerant. (*Act. sincer. S. Ignat.*)

[1] Mane leonibus et ursis homines, meridie spectatoribus suis objiciuntur. (Senec., *Epist.* VII.)

* Scilicet kalendas januarias quando sigillaria festa agebantur, de quibus Macrobius, *Saturnal.*, lib. I, c. 10 et 11. (Note de D. Ruinart.)

jeter sur le cou et sur les bras de leurs antagonistes. De là vient leur nom de *laquéaires*.

En voici d'autres qui ont pour armes un trident et un filet, dans lequel ils enveloppent la tête de leurs adversaires; c'est pour cela qu'on leur donne le nom de *rétiaires*. Ils n'ont, ainsi que les *laquéaires*, ni casque ni bouclier.

Regardez aussi ceux qu'on nomme les *sécuteurs;* on les fait ordinairement combattre avec les rétiaires. Ceux-ci sont obligés de reculer, de fuir un moment, lorsque leur coup de filet a manqué : ils doivent avoir pour adversaires des gladiateurs habiles à poursuivre l'ennemi fuyant : *secutores*.

Les *thrèces* se distinguent par leur petit sabre recourbé, *sica*, et leur armure légère : leur nom semble indiquer que les premiers gladiateurs de ce genre qui aient figuré à Rome étaient originaires de la Thrace.

Les *mirmillons* s'avancent couverts de leur pesante armure. Lorsque son poids les fatigue, ils savent combattre assis ou le genou en terre. La Gaule fournit particulièrement cette classe de gladiateurs.

Ceux que vous voyez avec un bouclier plus large à son extrémité supérieure, coupée en ligne droite, et rétrécie vers le bas en forme de coin, ce sont les *sammites*. Une éponge couvre leur poitrine, ils ont une bottine à la jambe gauche, leur casque est surmonté d'une aigrette. Ils se font remarquer par l'éclat de leurs armures.

Les *dimachères* combattent avec un glaive dans chaque main, ou bien tantôt à pied, tantôt à cheval.

Ces gladiateurs, montés sur des chevaux et armés de lances, sont les *andabates*. La partie de leur casque qui protége leur front leur couvre tellement les yeux qu'on les compare à des aveugles.

Voilà enfin les *essedaires;* ils brandissent leurs lances du haut d'un char, qui a un esclave pour cocher.

Cette procession fait le tour de l'arène, et semble y promener d'avance la pompe de son convoi funèbre[1]. Quelquefois, en passant devant l'estrade impériale, des malheureux disent : « Bonjour, empereur, ceux qui vont « mourir te saluent. » La parade terminée, les magistrats des jeux procèdent à ce qu'on nomme la *composition:* ils appareillent les gladiateurs, ils choisissent, pour les opposer l'un à l'autre, ceux qui sont à peu près égaux par leur vigueur et leur habileté. Les gladiateurs viennent ensuite présenter leurs armes au président du spectacle, pour qu'il voie si elles sont en règle. La lutte commence par des passes d'armes. Ils se livrent à des combats simulés avec des lances sans fer, avec des épées dont la pointe est garnie d'un petit bourrelet en plomb. Bientôt des trompettes donnent le signal des combats sérieux : l'intérêt des spectateurs, porté à un plus haut degré, s'exprime tantôt par des bruits de voix, tantôt par un cruel silence. On excite les combattants, on applaudit les gladiateurs favoris, on fait des paris pour et contre la vie de ces hommes. Le gladiateur qui a blessé son adversaire s'écrie : *Il en tient*, *hoc habet*. Quelque-

[1] Jam ostentata per arenam periturorum corpora mortis suæ pompam duxerant. (Quintilian., *Declam.* IX.)

fois le blessé cache sa blessure, ou il crie au peuple que ce n'est rien; d'autres fois il demande la permission de se retirer du combat. Souvent, avant qu'il ait eu le temps de la demander, le peuple crie à son adversaire : Répète, répète le coup, *repete*, et au blessé : Reçois le fer, *recipe ferrum*[1]. Cela veut dire qu'il doit tendre la gorge, ne pas chercher à parer le coup avec la main, ne pas faire de contorsions disgracieuses, mais tomber avec toute la dignité de son métier : il doit y avoir de l'art dans son agonie. Quand un de ces malheureux ne meurt pas volontiers, le peuple s'irrite contre cet insolent, et de spectateur devient son ennemi[2]. L'assemblée a pourtant un mouvement de pitié et de tendresse, lorsqu'un gladiateur qu'elle aime tombe frappé d'un coup mortel; mais bien souvent l'insensibilité seule plane seule sur les scènes les plus horribles. On voit des spectateurs privilégiés descendre dans l'arène et mettre la main dans le sang qui coule de la blessure du moribond; il y en a qui essuient cette main sur leur figure; d'autres boivent ce sang chaud comme un breuvage de santé. Mais ce cadavre reste trop longtemps sur l'arène, il gê-

[1] An possunt pii et justi homines esse, qui constitutos sub ictu mortis, ac misericordiam deprecantes, non tantum patiuntur occidi, sed et flagitant, feruntque ad mortem crudelia et inhumana suffragia, nec vulneribus satiati, nec cruore contenti? quin etiam percussos jacentesque repeti jubent, et cadavera ictibus dissipari. (Lactant., *Divin. inst.*, lib. VI, c. 20.)

[2] Ut injuriam putat populus, quod non libenter pereunt, et contemni se judicat, et vultu, gestu, ardore, de spectatore in adversarium vertitur. (Senec., *de Ira*, lib. I, c. 2.)

nera les mouvements des autres combattants. Alors le cri : « Au spoliaire le corps du gladiateur; qu'on le traîne avec des crocs[1]. » Des brancards sont tout prêts, le cadavre est enlevé en toute hâte par la porte Libitine, la porte consacrée à la mort[2]. Les mêmes scènes recommencent : duels, combats par groupes, mêlées générales se succèdent comme des tourbillons sous les yeux de la foule insatiable, dont les émotions sont errantes avec les chances incertaines de chaque lutte. Les applaudissements, les acclamations sinistres, les rires sauvages bouillonnent comme une écume ardente, et pendant plusieurs heures le Colisée est comme une fournaise de cruautés et de plaisirs[3].

Vous seriez tenté de croire qu'une assemblée qui fait ses délices de pareils jeux est une troupe de cannibales. C'est l'élite des peuples, c'est la fleur de la civilisation. Les bonnes gens y abondent : ce gros sénateur, à la mine fleurie, qui ne manque pas un de ces spectacles, qui s'y

[1] Gladiatoris cadaver unco trahatur : gladiatoris cadaver in spoliario ponatur (acclamations des sénateurs). (Lamprid., in *Commod.*, c. XVIII.)

[2] Sonabant clangore ferali tubæ, illatisque Libitinæ thoris ducebatur funus ante mortem. (Quintilianus, *Declamat.*)

[3] Quid? non in omnem libidinem ebullis?..... Quid non frequentas tam solemnes voluptates Circi furentis, caveæ sævientis, et scenæ lascivientis? (Tertull., in *Marcion.*, lib. I, c. 27.) — Quidquid immoderationis in circis, quidquid furoris in caveis. (Salvian., *de Gubernat. Dei*, lib. VI, c. 11.)

Ac vilis gladiator ense duro
Percussus cadit, et fremit voluptas.
(Prudent., *Hym.* VI, v. 65, *in Martyr. Tarragonens.*)

pâme de joie, c'est un bon père de famille qui pleurera ce soir de tendresse en embrassant ses petits enfants sur ses genoux; ce poëte écrira demain, sur des tablettes parfumées, des vers à Lydie, de la main dont il vient d'applaudir à ces assassinats; cette femme que vous avez vue tout à l'heure tourner le pouce, pour donner le signal d'achever un blessé, c'est une chaste vestale[1].

Les jeux se terminent par la distribution des récompenses aux gladiateurs qui ont survécu. Cependant la nuit est venue; quelques hommes, marchant avec précaution, rôdent comme des ombres autour du Colisée désert. Ils s'arrêtent dans un coin et se baissent vers la terre; l'un d'eux étend un petit linceul blanc, dans lequel ils ramassent quelques ossements; ils les emportent avec eux et disparaissent. Nous ignorons vers quel endroit ils se dirigent; mais nous savons qu'il y a tout près du Colisée une habitation vénérée des Chrétiens, c'est la maison de Clément, disciple de saint Pierre et son second successeur. Réunis dans le lieu qu'ils ont choisi pour retraite, ces hommes font quelques préparatifs. Que va-t-il se passer pendant cette nuit? Les usages primitifs nous le laissent entrevoir. Les flambeaux sont allumés dans la chambre la plus spacieuse, quelques chrétiens romains viennent se joindre à Carus, Philon, Agatophe[2] et autres disciples d'Ignace qui l'ont accompagné d'Antioche à Rome[3]. Ils passent la nuit en

[1] Vide Buleng., *de Venet. circ.*

[2] S. Ignat., *Epistol.* ad Smyrnens., et *Epistol.* ad Philadelph.

[3] Ilorum nos ipsius spectatores facti, cum lacrymis domi vigilem

prières, pleurant, agenouillés; et, s'étant un peu assoupis, les uns voient le martyr apparaître et les embrasser[1], d'autres le voient prier sur eux[2], à d'autres il apparaît tout couvert de sueur comme un homme qui sort d'un long travail, et se tenant près de Dieu dans une gloire ineffable[3].

Depuis le supplice de saint Ignace, disciple des apôtres, bien des scènes de martyre, plus ou moins analogues par leurs circonstances, se sont succédé dans le Colisée jusqu'à la fin des persécutions. On a recueilli les noms d'un certain nombre de ces martyrs : on sait aussi que deux cent soixante chrétiens, condamnés aux carrières hors de la porte Salare, furent ensuite amenés dans l'amphithéâtre, et tués comme des bêtes fauves à coups de flèches, sous le règne de Claude le Gothique. Quoique le Colisée ne soit pas désigné sous son nom propre d'amphithéâtre *Flavien*, c'est vraisemblablement dans son enceinte que la plupart de ces supplices ont eu lieu, parce qu'il était le foyer habituel des chasses aux hommes et des expositions aux bêtes.

Lorsque la Croix parut sur le fronton du palais impérial de Constantin, aux environs du Colisée, le vieil

noctem duximus, et genibus flexis multis precibus Dominum orabamus, ut nos infirmos de iis quæ factæ fuerant certiores faceret. (*Act. sincera ex græc. manuscript. versa.*)

[1] Cum paulum obdormissemus alii quidem subito adstantem nosque complectentem..... (*Ibid.*)

[2] Alii rursus nobis orantem..... (*Ibid.*)

[3] Sudore stillantem, tanquam ex multo labore advenientem. (*Ibid.*) — In ineffabili gloria. (*Act. sinc. Latin.*)

amphithéâtre ne renonça pas subitement à ses horribles habitudes. Il fallut du temps pour l'exorciser; il n'avait plus de martyrs, mais il avait toujours des victimes. En vain Constantin, et après lui Constance, avaient prohibé les jeux des gladiateurs; en vain le sentiment chrétien s'écriait, par la bouche de Prudence, que désormais nul ne tombe, dont le supplice soit un plaisir[1]. Les lois de l'empire, les lois de l'humanité restaient impuissantes contre la fascination que ces spectacles exerçaient toujours sur la société romaine, qui était encore en partie païenne. Ils furent à la fois défendus et tolérés. Quel était le coup de grâce que Dieu tenait en réserve pour opérer la conversion de l'amphithéâtre? Voici quel fut le secret de la Providence. Du fond de l'Asie, un pieux anachorète, Almachius, était venu à Rome pour visiter les lieux saints; il s'y trouvait aux calendes de janvier, époque des spectacles. Le peuple était rassemblé dans l'amphithéâtre : voilà qu'Almachius a l'idée de le sermonner. Mais que fera-t-il, lui pauvre moine, lui inconnu? Sera-t-il plus puissant que la puissance des empereurs? Sera-t-il plus éloquent que tous les docteurs chrétiens qui ont tonné contre ces spectacles? Peut-il espérer de toucher le cœur de ce peuple au moment où il est dans l'ivresse de ses cruels

[1] Nullus in Urbe cadat cujus sit pœna voluptas,
Nec sua virginitas oblectet cædibus ora.
Jam solis contenta feris infamis arena,
Nulla cruentatis homicidia ludat in armis.
(Prudent., in *Symmach.*, lib. II, v. 1125.)

plaisirs? Sera-t-il même écouté? Gagnera-t-il autre chose que d'être honni et chassé à coups de pied? Une voix intérieure lui parle plus haut que toute cette prudence. Poussé par une sainte folie, il pénètre dans l'amphithéâtre, il monte sur les gradins, il s'en fait une chaire, il prêche le peuple, il lui reproche le crime de ses fêtes. Cette étrange apparition excite quelque tumulte. Le préfet Alypius, qui est présent, ordonne qu'on le mette à mort sur-le-champ, comme coupable de sédition. Il y avait eu jusqu'alors des martyrs dans le Colisée, il y eut à ce moment un martyr du Colisée même. Almachius tomba, mais les gladiateurs ne se relevèrent plus. L'indignation qu'excita cette mort provoqua une loi implacable. Les flots de sang qu'avaient répandus dans l'amphithéâtre les martyrs de la foi, n'avaient pas encore comblé la mesure, il lui manquait quelques gouttes du sang que devait y ajouter un martyr de la charité.

Le Colisée continua pendant quelque temps de servir pour les combats avec les animaux. C'est pendant l'occupation de Rome, sous Théodoric, que ce spectacle y apparaît pour la dernière fois. Le roi des Visigoths termina cette chaîne pompeuse de fêtes, dont le premier anneau se rattachait au berceau de l'empire. Dans le siècle suivant, le Colisée est oublié; Rome avec sa campagne devient elle-même un amphithéâtre terrible, où les armées des empereurs, celle des Goths, celle des Lombards, se livrent, pendant le 6e siècle, une lutte que tous les peuples regardent. Bélisaire, Narsès, Vitigès, Totila, Agiluphe furent des gladiateurs qui ne permettaient guère de songer aux éléphants de l'Inde et aux lions de l'Afrique. Depuis cette époque jusqu'à la fin du 11ᵉ siècle, il n'est presque plus question du Colisée. Autant il avait eu de renom pendant sa période de fêtes, autant on se tait sur lui dans son délaissement : le silence n'est interrompu que par un mot de Bède, qui répète ce proverbe alors populaire : « Tant « que le Colisée sera debout, Rome sera debout ; quand « tombera le Colisée, Rome tombera, et le monde « aussi[1]. » Réduit à l'oisiveté, le vieux géant impose à l'imagination des peuples par le prestige dont il a été entouré. Il est mort comme amphithéâtre, il ne reprendra pas de longtemps une vie nouvelle pour d'autres usages; mais en attendant, sa fonction est de rester là comme un emblème de l'éternité de Rome. A la fin de cette époque, il recommence à s'agiter. Il débute par être une forteresse : les Frangipani s'y retranchent; les Annibaldi, autre famille puissante, les y attaquent. Quelques années s'écoulent, la scène change complétement. Le sénat romain, devenu le propriétaire du Colisée, y donne un tournoi en 1332, pendant le séjour des Papes à Avignon[2]. Ces jeux des chevaliers revêtus d'une noble armure, portant sur leurs écussons des

[1] Quandiu stat Colisæus, stat et Roma : quando cadet Colisæus, cadet et Roma : quando cadet Roma, cadet et mundus. (Vaticinium Vener. Bed., in *Collectan.*, c. I.)

[2] Ce tournoi est raconté dans la chronique de Ludovico Monaldesco (Murat., *Rer. Italic. Script.*, t. XII, p. 533 et suiv.)

devises poétiques, dans cette même enceinte où s'entretuaient les gladiateurs pour amuser les Romains, est une espèce de jalon historique pour mesurer la distance qui sépare les mœurs de l'antiquité et celles du moyen âge.

Au 14e siècle, le sénat cède au chapitre et à la confrérie du Saint-Sauveur une partie du Colisée, avec la charge de faire la police contre les malfaiteurs qui s'y retiraient. Une maladie contagieuse survient : cette confrérie se transforme en hôpital; des lits de malades garnissent les vastes corridors des portiques. Mais voici Sixte-Quint qui lui prépare une autre métamorphose : une des idées favorites de ce grand Pape est de faire servir les ruines de l'ancienne Rome soit à la décoration de Rome chrétienne, soit à l'utilité publique. Il veut faire du Colisée un dépôt de mendicité et un établissement de travail : les plans sont dressés. L'amphithéâtre deviendra une manufacture d'étoffes de laine; les arceaux seront des ateliers : chaque ouvrier aura deux chambres; des canaux souterrains conduiront l'eau à une fontaine aux larges bassins qui sera construite sur l'arène pour le service de l'établissement. On commence à déblayér les abords du monument, où le sol s'est exhaussé. La mort de Sixte-Quint arrête l'exécution de ce projet. Sous Clément XI, le Colisée étant redevenu pendant la nuit un repaire de voleurs qui menaçaient la sûreté publique, le Pape fait murer les ouvertures des arceaux d'en bas, puis il établit dans l'intérieur une fabrique de salpêtre. Voilà la dernière phase des destinées profanes du Colisée.

Cependant, à travers ses destinées mondaines, il a rempli des fonctions religieuses, bien longtemps avant d'être consacré tout entier à la Croix, comme il l'est aujourd'hui. On n'a, il est vrai, aucun indice qu'une partie du Colisée ait servi au culte dans la période qui a suivi la cessation des combats d'animaux après le règne de Théodoric; mais nous savons que la ruine de beaucoup d'églises avait été la suite des calamités accumulées sur Rome par les invasions des barbares. Un certain nombre étaient dans un tel état de dégradation, qu'on ne pouvait plus guère y célébrer le culte. Est-il probable que dans cette pénurie on n'ait pas abrité quelques chapelles sous les vastes et solides arceaux de cet édifice? Nous savons qu'à une époque ancienne plusieurs églises étaient établies à côté de lui. La notice de Cencius Camerarius nomme celle de *Saint-Sauveur* de *Rota Colisei*, celle de *Saint-Sauveur* de *Insula et Coliseo*, et celle des *Quadraginta Martyrum Colisei*. On a conservé le vague souvenir d'un monastère antique, perché dans un de ses étages[1]. De pauvres religieuses s'y étaient logées, comme des colombes qui font leur nid dans l'ancienne aire d'un vautour : elles chantaient des cantiques dans ces mêmes arcades d'où étaient parties tant d'acclamations au supplice des chrétiens. Le Colisée a aussi servi pour un pieux spectacle très-populaire auprès de nos ancêtres. On jouait les mystères de la Passion le vendredi saint; les acteurs se plaçaient sur une plate-forme située près de la porte qui regarde le

[1] Marangon., *Amph. Flav.*

Cœlius[1]. La foule, toujours très-nombreuse, occupait l'arène et les gradins. La représentation des souffrances du Christ n'a jamais eu un théâtre plus expressif que ce calvaire de ses disciples.

C'est ainsi qu'il a préludé à sa consécration actuelle. Le théâtre pieux, le Colisée, est devenu presque un temple; il est tout entier à la Croix; il en a la confrérie, il en a les processions et les cantiques; le vendredi, il en a les stations, il l'a au centre de son arène, il l'a au cœur. Les stations de douleurs, disposées de distance en distance sur ce même terrain où tant de chrétiens ont été traînés devant le prétoire, dépouillés de leurs vêtements, flagellés, livrés aux dérisions du peuple, abreuvés d'ignominie, attachés à des poteaux, sont, de tous les chemins de la Croix établis dans les différentes parties du monde catholique, celui qui reproduit le mieux la voie douloureuse, du Prétoire au Calvaire.

Récapitulons maintenant son histoire, qui fait de lui un emblème de toutes les vicissitudes humaines. Romain par son origine, oriental par sa masse, grec par son architecture, juif par les ouvriers qui l'ont bâti, chrétien par le sang qui l'a consacré, cosmopolite par ses spectateurs de tous les pays et ses animaux de tous les climats; pendant trois siècles, théâtre des plus cruels

[1] Si estendeva più anticamente un piano aperto molto spazioso a guisa di teatro o tribuna, sopra quello si rappresentava ogni anno nel venerdì santo la Passione di G. C., dagli uomini esperti, che figuravano personaggi tutti. — Ces représentations ont duré jusque sous le règne de Paul III. (Marang., *Ibid.*)

plaisirs, temple des plus héroïques vertus, à l'époque des barbares, colosse en quelque sorte grandissant parmi les palais qui tombent, et, au milieu de toutes ces ruines, symbole populaire de l'éternité de Rome; puis, quand il reprend un peu de vie, tour à tour forteresse et monastère, arène d'un tournoi, hôpital de pestiférés, carrière qui fournit des matériaux à des édifices somptueux, salle de spectacle et atelier préparé pour des manufactures, repaire de voleurs et fabrique de salpêtre, il a passé par toutes les conditions, depuis les plus hautes jusqu'aux plus infimes, il est devenu la personnification matérielle de l'Ecclésiaste, qui a tout vu et qui s'est dégoûté de tout, et alors il a fini par se faire pénitent. Il s'est mis à prêcher le néant des choses humaines, le sacrifice et l'expiation. Le vieux Titan de l'architecture s'en est fait le trappiste; mais il est resté beau dans son austérité, comme l'anachorète, courbé par l'âge, est beau avec sa tête chenue, ses rides et ses joues creusées par la pénitence. Les blessures qu'a reçues le Colisée lui ont rendu service : les maçons qui en ont démoli une partie ont été des artistes malgré eux. Il doit aux crevasses qu'ils lui ont faites des effets de lumière, les plus beaux peut-être après ceux qu'on voit de temps en temps dans la basilique de Saint-Pierre, lorsqu'un nimbe lumineux se forme dans l'intérieur de la coupole. Les rayons du soleil, favorables à tous les monuments qui mettent en relief l'idée de sa glorification, n'ont, dans aucun édifice, plus de magie que dans cette basilique, expression terrestre de la gloire future.

Dans l'ombre de la nuit, le Colisée a sa revanche, quand la lune, le soleil des ruines, lui distribue ce demi-jour inanimé qui est la décadence et comme la ruine d'une autre lumière.

Je ressens, autant que beaucoup d'autres, toutes ces impressions ; mais lorsque je retourne au Colisée, comme lorsque je l'ai vu pour la première fois, ce qu'il a pour moi de plus présent, c'est son plus antique passé. Je voudrais y recueillir, un à un, tous les souvenirs qu'y ont laissés les aînés de la grande famille, qui est la nôtre. Je voudrais y suivre tous les pas, et retrouver sur le sable l'empreinte de leurs pieds. Nous pouvons du moins rattacher ces traces disparues à quelques points déterminés de l'enceinte. Voyez cette porte dans l'intérieur de laquelle la piété de nos ancêtres a tracé une fresque à demi effacée : elle représente avec Jérusalem le Calvaire et quelques scènes des temps de persécution. Les martyrs ont passé souvent par cette porte. Quand ils attendaient que les lions fussent sortis de leurs loges souterraines, ou qu'ils fussent arrivés jusqu'à eux de l'autre bout de l'amphithéâtre, ils devaient se tenir pendant quelques instants dans l'espace compris aujourd'hui entre la porte d'entrée et les deux premières stations de droite et de gauche. Quelquefois l'empereur ou le président de l'assemblée voulait leur adresser quelques mots, pour leur offrir, dans l'apostasie, un refuge contre le supplice. Ils étaient alors conduits devant la loge impériale. Pendant ces allocutions, ils restaient debout entre cette loge et le centre de l'arène, dans lequel la Croix s'élève maintenant. A la place de cette Croix, il y avait alors, suivant quelques auteurs, l'autel de Jupiter infernal[1]. Si, en l'absence de l'empereur, ils comparaissaient devant le préteur, ils devaient faire quelques pas plus loin, car la loge de ce magistrat se trouvait, ainsi que celle des vestales, à gauche de la loge impériale. Le sol sur lequel nous avons marché recouvre les trappes par lesquelles les bêtes féroces s'élançaient de leurs tanières. Les stations du chemin de la Croix, qui font tout le tour de l'arène, marquent à peu près le cours de l'Euripe, du ruisseau qu'ils ont teint de leur sang. La porte Libitine, par laquelle on emportait les morts, était à l'extrémité de l'amphithéâtre, vers le Cœlius; elle a aujourd'hui à côté d'elle la station de Jésus mis au sépulcre.

Jetez à présent un dernier coup d'œil sur les quatre monuments dont nous avons parlé dans ce chapitre et ceux qui précèdent.

Le Panthéon, centre de toutes les aberrations du Paganisme, devenu le temple de toutes les vertus du Christianisme;

Puis le temple de Jupiter Capitolin, point culminant

[1] Ara situata nel mezzo dell' anfiteatro come consegrata a Giove Latiale. (Marang., *Mem. dell' anf. Flav.*, p. 29.)

Funditur humanis Latiali in munere sanguis,
Concessusque ille spectantum solvit ad aram
Plutonis fera vota sui : quid sanctius ara
Quæ bibit egestum per mystica tela cruorem?
(Prudent., in *Symmach.*, lib. I, v. 396.)

Respice terrifici scelerata sacraria Ditis,
Cui cadit infausta fusus Gladiator arena.
(Prudent., *ibid.*, v. 379.)

de l'orgueilleuse domination de Rome sur le monde, remplacé par l'église d'Ara-Cœli, l'église de la Crèche, de l'abaissement de l'Homme-Dieu, du mépris de toutes les grandeurs du monde;

Le palais des Césars, qui dévorait toutes les richesses de la terre, réduit à quelques débris que garde le couvent de la pauvreté volontaire;

Le Colisée, le réceptacle de toutes les fureurs et des plaisirs, nous offrant le monument de l'expiation et de la pénitence.

Voilà les idées que ces édifices représentent comme emblèmes de la corruption humaine et de la régénération. Ils font ressortir un des beaux caractères de la ville éternelle, un caractère qui offre l'emblème d'un des plus beaux mystères de l'âme. Voyez cet homme qui a abusé de tous les dons de Dieu, qui a fait servir au vice les plus nobles facultés : il va s'agenouiller au tribunal de la réconciliation, il porte avec son repentir l'humble aveu de ses péchés, le sang du Rédempteur est mystiquement versé sur son âme par l'absolution, et ce grand criminel se relève purifié, et ce qui fut la matière de ses crimes ne servira plus qu'à faire éclater en lui le triomphe de la grâce. Voilà le mystère magnifiquement figuré par les monuments de Rome. Quiconque l'étudie dans ce point de vue y trouve une source intarissable de méditations.

www.ingramcontent.com/pod-product-compliance
Lightning Source LLC
LaVergne TN
LVHW040959150826
845672LV00002B/782

* 9 7 8 2 3 7 6 6 4 4 3 7 8 *